VIBRAZIONE FINANZIARIA

 VIBRAZIONE FINANZIARIA

VIBRAZIONE FINANZIARIA

 VIBRAZIONE FINANZIARIA

 VIBRAZIONE FINANZIARIA

CONTENUTI

Iniziamo...

Frequenza di ricchezza

Cos'è l'abbondanza finanziaria?

La frequenza di ricchezza e benefici

Attrarre modelli compatibili

Comprendi il tuo ronzio vibrante

Che cos'è l'equilibrio vibrazionale

Cambiare la tua vibrazione

Crea quello che vuoi

Scopri la differenza tra desiderio e distacco

I vantaggi della pianificazione della ricchezza finanziaria

VIBRAZIONE FINANZIARIA

 VIBRAZIONE FINANZIARIA

Iniziamo...

Questo libro mira ad aiutarvi a raggiungere la prosperità finanziaria attingendo alle nostre risorse interne che potreste non conoscere. Imparerete che spostando le vostre vibrazioni e frequenze emotive da negative a positive, sarete in grado di rimanere concentrati e di influenzare gli altri per rendere il successo più facile e meno stressante.

VIBRAZIONE FINANZIARIA

Frequenza di ricchezza

Pensi che ci siano cose come vibrazioni o frequenze di ricchezza? Oggi, essere prospero o ottenere generalmente ciò che si desidera nella vita sembra implicare non solo avere le giuste risorse, determinazione e abilità. È anche importante avere le onde cerebrali giuste; forse anche il più importante di tutti.

Qual è la frequenza di ricchezza?

Gli studi suggeriscono che la meditazione riduce le onde cerebrali a una frequenza più bassa che è la cosa migliore per il rilassamento e la concentrazione. Questo è noto come alfa basso. Puoi anche abbassare le onde cerebrali per raggiungere la frequenza Theta, che è la cosa migliore da manifestare o sognare lucidamente. Tuttavia, per sintonizzarsi sulla frequenza della ricchezza,

gli esperti raccomandano di aumentare le onde cerebrali.

Frequenze emotive

Nel suo libro, Power vs. Forza, David Hawkinsha misurato le frequenze delle emozioni umane da 20 a 1.000. Hawkins suggerisce che nelle frequenze più basse, le persone sono solide o pesanti mentre sono leggere e luminose nelle frequenze più alte dove riceviamo sentimenti di pace, amore, accettazione e altri sentimenti positivi che ci permettono di capire meglio e vedere più chiaramente.

Hawkins propone che quando si è su frequenze più basse, ad esempio 20 (vergogna), 30 (colpa), 75 (dolore), 100 (paura) e 175 (orgoglio), si è più inclini a malattie e problemi perché queste emozioni si stanno esaurendo e probabilmente si diffonderanno più senso di colpa, più paura, ecc..., emozioni che trascinano te e gli altri con i quali entri in contatto.

Quando sei ai livelli di frequenza più alti, sei in grado di influenzare gli altri in modo più positivo.

Il Progetto di sensibilizzazione di Princeton ha rilevato una coscienza negativa poco prima dell'attacco alle Torri Gemelle del 21 settembre 2001. D'altra parte, ha rilevato un blip positivo prima dell'insediamento del presidente Barack Obama, dimostrando che gli individui sono statiinfluenzati dalle frequenze del tutto e che la Terra è influenzata dalle energie combinate degli individui.

Cambiare i modelli di pensiero

Le onde cerebrali sollevano pensieri chenon necessariamente alzano la frequenza, ma operano sul cambiamento dei modelli di

pensiero e sulla nostra necessità di fare qualcosa se si desidera, ottenendo cosìeffetti sul tuo ego nel tuoprocesso decisionale e nel tuo rapporto con gli altri.

Come puoi trovare la tua frequenza per la ricchezza? Bene, ovviamente il primo passo è quello di adattare i tuoi schemi di pensiero a uno che ti permetta di pensare in modo più obiettivo e chiaro. Il secondo è che provi ad alzarti dalle frequenze emotive che ti trattengono.

Accettazione, pace, amore, buona volontà, coraggio: tutte queste emozioni sono positive e appartengono alle frequenze più alte che consentono loro di influenzare gli altri in modo più positivo.

Secondo uno studio correlato, un individuo che opera a 300 è in grado di contrastare 90.000 persone che operano al di sotto dei 200 livelli, mentre un individuo che opera a 600 (pace) è in grado di contrastare 10.000.000 di persone che operano sotto i 200.

La capacità di influenzare gli altri è la chiave per trovare la frequenza della tua ricchezza. Ciò non significa che non si verificherà alcun fallimento, ma poiché si è chiari, concentrati e in contatto con un livello di coscienza più elevato, la ricchezza è molto più facile da ottenere rispetto a quando si opera a livelli di frequenza di consumo di energia.

 VIBRAZIONE FINANZIARIA

Cos'è l'abbondanza finanziaria?

La vita che hai sempre sognato può essere realizzata attraverso la giusta mentalità e le giuste azioni se si desidera essere liberi da qualsiasi preoccupazione finanziaria, per poi raggiungere un abbondanza finanziaria. Cos'è e cosa può fare nella tua vita è incredibile. Ecco quindi le cose che dovete sapere di ricchezza finanziaria.

L'abbondanza finanziaria si trova in una situazione in cui c'è abbastanza sostegno finanziario per supportare la tua vita e aggiungerne un po'di più per il tuo comfort.

Lontano dagli oneri e dalle preoccupazioni finanziarie c'è la sensazione di avere abbastanza abbondanza in cui lo stress e la

pressione non si frappongono. Per ottenere abbondanza finanziaria, puoi seguire questi fattori essenziali:

Cos'è l'abbondanza finanziaria?

1. Impara a rafforzare la tua mente

Impara come praticare una mentalità piena di abbondanza. Con questo, apprendi che il denaro è solo una cosa materiale e non dovrebbe essere la fonte di soddisfazione. Certo, chi non ha bisogno di soldi? Questa mentalità abbondante è diversa in modo tale che deve essere praticata per bilanciare la tua vita. Non lasciare che l'avidità ti sorpassi. Invece, goditi i tuoi soldi risparmiando un po'e dandoli in aiuto. Con ciò, il tuo motivo diventa così positivo e questo alla fine si allineerà con i tuoi obiettivi. Questo è ciò che si chiama ottenere vibrazioni positive.

 VIBRAZIONE FINANZIARIA

2. Ottieni conoscenza

Questo non è limitato al livello accademico. In effetti, molte persone ricche hanno meno conoscenze dei poveri. Questa conoscenza significa adattare ciò che hai imparato (dall'esperienza scolastica o personale) e ottenere modi per trarne vantaggio. Questa conoscenza si tradurrà nella tua abilità, dove la tua abilità può darti abbondanza finanziaria. Vivere una vita di cui sei appassionato conta per una vita di abbondanza. Con questo animo si puòguadagnaredenaro.

3. L'arte della generosità

Quando vuoi qualcosa nella tua vita, aiuta anche altre persone a realizzare i loro sogni. Ci sono stati molti detti sulla generosità e uno che è certo è che riceviamo ciò che diamo. Ciò non significa che la generosità implica la donazione di denaro. Sì, si può fare, ma non gira tutto attorno al denaro, giusto? Per ottenere una vita piena di abbondanza, crea un ambiente positivo per ottenere quello che vuoi. Ciò conferma il vecchio detto: è meglio dare che ricevere.

4. Il modo di investire

Non risparmiare troppi soldi. In effetti, salvarli non significa necessariamente che stai creando una vita abbondante. Sì, il risparmio per coprire emergenze e spese impreviste è importante, ma non dovrebbe essere un modo per alleviare il tuo onere finanziario. Quello che devi fare è investire. Investi in qualcosa che ti darà un profitto significativo in un determinato periodo di tempo. Con ciò, ci sono buone probabilità che tu possa guadagnare più entrate del tuo lavoro.

 VIBRAZIONE FINANZIARIA

La frequenza di ricchezza e benefici

La legge della vibrazione

La legge della vibrazione afferma che tutto ciò che esiste nell'universo non è altro che un'energia che vibra a frequenze diverse. Che si tratti di materia fisica o invisibile (spirito, chi, ecc.), Tutto vibra fino a un certo impulso.

Seguendo quel paradigma, tutto ciò che esiste è nel continuum di energie e frequenze. Una parte è la frequenza della ricchezza.

Potendo toccare e risuonare con quel tono, puoi creare più di quella condizione nella tua vita.

David Hawkins: Calibrazione. David Hawkins è arrivato con la calibrazione delle energie e delle emozioni umane a partire da 20-1000 frequenze. Le frequenze più basse sono dense, stati come colpa (30), odio, tristezza, amore e pace sono nell'intervallo da 500 a 600.

Il primo stato positivo di emozione è calibrato da 200 (valore) e oltre. Al fine di realizzare le situazioni e i minuscoli componenti che consistono nell'idea di "ricchezza", questi singoli pezzi devono risuonare dall'età di 200 anni.

La calibrazione non è importante; questa è solo una guida, un numero che possiamo usare per calibrare lo spettro degli stati umani o le emozioni per ottenere gli effetti che desideriamo.

 VIBRAZIONE FINANZIARIA

Legge di risonanza e attrazione

La legge della risonanza e dell'attrazione sono idee simili ma non identiche. Poiché esistono diversi tipi di concetti e idee di ricchezza, la ricchezza che risuona genericamente farà appello a situazioni che causano abbondanza finanziaria.

La legge della risonanza crea la distinzione se attirerai più di una cosa sull'altra. Un esempio è la legge della risonanza che differenzia se la sedia o un tavolo possono essere manifestati, sebbene entrambi siano nella categoria universale chiamata mobili.

Frequenti trasmissioni con ricchezza deliberata

Un metodo per far sì che la mente viva su questa frequenza consiste nel circondarci di richezza conintensità e risonanza.Vale a dire preimpostare l'interazione con dipendenti,con i partner commerciali, ma anche solo gli spazi fisici in modo da attirare ricchezza.

Inizialmente, può essere necessario uno sforzo cosciente per entrare in testa perché non è così che di solito pensiamo, sentiamo e vediamo il mondo. Con il passare del tempo, vedrai che sarà sempre più tuo.

Il tocco di Mida

Una volta che diventi naturalmente risonante a questa frequenza, il fenomeno del "tocco di Re Mida" inizia a manifestarsi nella tua vita. Tutto ciò che tocchi sembra funzionare senza sforzo e naturalmente da solo, senza fare consapevolmente nulla.

Questa è una spiegazione del perché il successo genera successo. Crea lo slancio del successo in cui un successo apre le porte a futuri successi e così via.

 VIBRAZIONE FINANZIARIA

La metafora del sistema immunitario

Chiunque abbia raggiunto i massimi livelli di successo si è naturalmente allenato a pensare e operare a queste frequenze. Le cose che non accadono come pianificato sono innaturali e vengono rimosse, come il sistema immunitario che uccide gli invasori.

Le malattie sono negatività e le frequenze positive (per ricchezza) sono i super-soldati del sistema immunitario di anticorpi che si difendono automaticamente e naturalmente.

VIBRAZIONE FINANZIARIA

Attrarre modelli compatibili

Tutto nell'universo è solo energia, e se guardi abbastanza in profondità vedrai che tutto è solo vibrazioni e che questi schemi vibratori sono ciò che trasforma il gas in liquidi e i gas e solidi in ciò che sono. Questo include cose intangibili come lo spirito e l'anima. Può essere utile vedere gli stati della materia che iniziano con l'etere, lo spirito / l'anima, i gas, i liquidi e infine i solidi.

Questo non significa che puoi spostare fisicamente oggetti pesanti solo con la mente, anche se alcuni sostengono di essere in grado di farlo tramite telecinesi.

Questo va oltre lo scopo di questo libro.

L'obiettivo della manifestazione attraverso l'attrazione di modelli energetici compatibili è quello di creare un percorso di minor resistenza attraverso il quale una manifestazione è possibile ed è un percorso migliore rispetto al contrario di ciò che vogliamo.

Una spiegazione di fortuna e sfortuna

"Se credi in te stesso e senza le condizioni in cui un evento è più facile da generare, qualcosa che considereremmo" fortuna ", tale fortuna dovrebbe essere più facile da manifestare in un ambiente pieno di negatività e forze che dicono il contrario, condizioni che includono "sfortuna".

A causa della recente popolarità di "The Secret", molti hanno frainteso l'idea di essere solo illusioni e non agire. L'azione è anche energia. È un componente della forza, una forza fisica che utilizza l'energia immateriale e le vibrazioni create per far accadere le cose nel mondo reale.

Aspetti pratici dell'uso di energia nel mondo reale

C'è solo l'attrazione di situazioni ideali, persone ed eventi. Il potere di questi effetti generati attraverso questo canale esiste nei regni più sottili e intangibili, a differenza delle azioni fisiche che sono più forti. Non è realistico spostare fisicamente un oggetto che pesa una tonnellata con questi mezzi. Ciò richiede energia meccanica, strumenti e dispositivi come una gru.

E come si manifesta una gru?

È possibile chiamare l'azienda che affitta grandi macchine industriali. È possibile stabilire contatti e amici all'interno delle macchine per industria pesante. Puoi visualizzare intensamente, agire come se avessi già la gru. Non si tratta semplicemente di utilizzare l'uno sull'altro, ma di applicare il maggior numero possibile di metodi di lavoro per raggiungere tale obiettivo.

Da solo, dubito che tu possa manifestare una gru con la tua sola mente, figuriamoci un oggetto che pesa una tonnellata per levitare altrove. Semplicemente non è realistico e basato sulla fantasia!

Creazione di modelli compatibili per ricchezza e abbondanza

L'esempio precedente parla di un obiettivo molto specifico che può essere risolto con mezzi meccanici, cioè una gru. Tuttavia, per progettare una condizione generale di vita con molte possibili variabili, approcci e risultati, non possiamo semplicemente ridurre un problema a una cosa come la gru. Ed è qui che colpisce la legge di attrazione, la quale attrae ciò che può essere utile.

VIBRAZIONE FINANZIARIA

Creando le giuste vibrazioni ed energie all'interno di noi stessi e delle nostre attività, siamo in grado di attrarre coincidenze, persone e risorse che normalmente non cadono nei nostri giri apparentemente senza buona fortuna.

Perché abbiamo creato le firme energetiche appropriate per rendere queste variabili non solo attratte, ma anche risiedere costantemente nel nostro spazio.

In breve, si tratta di creare le energie giuste per magnetizzare le attività e creare un quadro sostenibile in cui le attività e le risorse possano essere organicamente mantenute nel nostro spazio o sfera di influenza dove queste cose sono utili.

VIBRAZIONE FINANZIARIA

Sebbene esistano nel regno degli intangibili e non possano essere misurati con i nostri dispositivi scientifici terrestri, non c'è nulla da perdere approfittando di questa riserva di potenza disponibile per tutti noi!

 VIBRAZIONE FINANZIARIA

Comprendi il tuo ronzio vibrante

Tutto crea vibrazioni, sottili e evidenti solo per coloro che le cercano. Conoscere e comprendere le vibrazioni, compresa la propria, è molto importante per vivere una vita prospera e abbondante. Esistono due tipi di vibrazioni o energia: positiva e negativa. L'energia positiva che già conosci ti consente di influenzare gli altri e quindi di fare di più, e l'energia negativa ti trascina insieme a coloro che ti circondano.

Imparare a identificare le vibrazioni

Una volta che hai imparato a identificare le vibrazioni o l'energia come le chiamano gli altri, assicurati di attenersi solo a quelle positive, poiché ciò ti aiuterà ad aumentare le

tue. Evita vibrazioni negative che possono abbassare le tue.

Il primo passo che devi compiere per sfruttare il potere delle vibrazioni che vengono continuamente rilasciate nell'ambiente è imparare a rilevarle e classificarle. Esiste un metodo provato per farlo. Pensa alle vibrazioni che senti quando un treno corre sui suoi binari. Potrebbe non esserci un vero treno che corre, ma conosci le vibrazioni che produce.

Rilassati e apri i tuoi sensi a ciò che ti circonda e puoi sentirli. Ci vorrà del tempo, ma alla fine, e con pazienza, imparerai a notarli. Fare meditazioni che cancellano i rumori ordinari dalla vita quotidiana aiuta. Nel tempo, sarai anche in grado di vederli tenendo gli occhi fuori fuoco mentre mediti. Devi acquisire la capacità di notare le vibrazioni se vuoi beneficiare dei suoi poteri.

 VIBRAZIONE FINANZIARIA

Conoscere le tue vibrazioni

Il passo successivo, dopo aver acquisito la capacità di sentire e vedere le vibrazioni, è di distogliere l'attenzione su di te. Ciò richiederà del tempo per un'analisi approfondita e una riflessione su ciò che è il tuo presente.

Quali sono gli atteggiamenti che avete su certe cose che hanno importanza generale per le persone e per voi stessi.

Devi solo essere sincero con te stesso.

È importante conoscere il tuo ronzio vibrante poiché ha un effetto diretto su come vivi la tua vita. Sarebbe molto difficile per te raggiungere i tuoi obiettivi nella vita se non sai dove ti trovi attualmente.

 VIBRAZIONE FINANZIARIA

Alzando le tue vibrazioni

Dopo aver identificato la posizione delle vibrazioni del ronzio, il passo successivo da fare è cercare di aumentare le vibrazioni. Ci sono molti modi per ottenere questo risultato e più si applica, più facile è per voi per prosperare e vivere una vita abbondante.

Uno dei modi in cui è stato dimostrato di essere efficace nell'aumentare le vibrazioni è quello di mantenere una buona salute. Mangiare cibi più sani, bere molta acqua ed evitare cibi carichi di tossine aumenta le tue vibrazioni. Anche la meditazione, imparare a rilassare e sviluppare i giusti atteggiamenti, concentrarsi maggiormente sulle passioni della tua vita ti aiuterà molto a migliorare le tue vibrazioni.

In generale, più sono felici, più le tue vibrazioni sono positive.

Possono aumentare le tue vibrazioni a livelli ancora più elevati associandosi solo a persone con vibrazioni positive.

Che cos'è l'equilibrio vibrazionale

Poiché sei un essere vibratorio, invii segnali che dicono agli altri chi sei. Non tutte le persone ricevono i tuoi segnali, ovviamente, ma quelli i cui segnali sono allineati ai tuoi. Se invii segnali felici a persone che sono altrettanto felici, riceverai segnali positivi anche da loro e sarà una comunicazione bidirezionale. Questo è il modo in cui gli esseri vibratori comunicano in un mondo vibratorio. Si chiama attrarre modelli compatibili. Questo promuove l'armonia.

Attrarre modelli compatibili

Se ti riconosci come un essere vibrante, vuoi attirare i segnali che ti gioverebbero. Prima di poterlo fare, devi capire il tuo ronzio vibrante. Come? Ti rivolgiverso l'interno. Questo può esseresemplicemente il calmare la tua mente, bloccando i rumori che distraggono e ascoltarei segnali di rilascio.

Ti senti felice, triste, frustrato, depresso o polemico? Le vostre vibrazioni o i vostri segnali rifletteranno ogni vostra sensazione e riceverete le stesse vibrazioni dall'ambiente circostante.

Equilibrio vibrazionale

Essendo un essere vibrante, il tuo mondo è governato da segnali che rilasci e ricevi. Nel tempo, raggiungeranno l'equilibrio vibratorio, che è caratterizzato dal segnale dominante che inviano e ricevono.

La compatibilità offre stabilità, ma è il tipo di stabilità che vorresti? Ad esempio, se hai vissuto per anni sotto stress finanziario e questo ha smesso di farti scoraggiare dalla

frustrazione, ciò potrebbe significare solo che il tuo equilibrio vibrazionale è in sintonia con questo tipo di vita.

L'unico modo per cambiare un equilibrio vibratorio che ti impedisce di fare più cose come diventare più prospero è cambiare la tua vibrazione.

Cambiare l'equilibrio vibrazionale

Raggiungere un cambiamento permanente nelle vibrazioni non è facile. Ciò non può essere realizzato, ad esempio, cambiando vestiti, facendo la doccia o esercitandosi.

Qualunque buona sensazione provi dal fare queste cose può alterare le tue vibrazioni; ma solo temporaneamente.

Per cambiare il tuo equilibrio vibrazionale, gli sforzi devono concentrarsi sulla modifica

VIBRAZIONE FINANZIARIA

dei segnali dominanti che rilasciano. Una disconnessione permanente dall'ambiente che supporta il tuo saldo negativo deve essere la tua priorità o continuerà a tornare al tuo stato precedente.

Esistono due metodi per passare dall'attuale saldo negativo a uno più potenziante. Il primo è quello di cambiare i segnali in un modo che ti consenta di respingere i segnali dal tuo ambiente.

Possono focalizzare la tua mente e le tue energie sui tuoi obiettivi e questo nuovo approccio incompatibile con il tuo attuale ambiente cambierà lentamente quell'ambiente mentre attirerai nuovi segnali. Vedrai come vivere le cose nuove, allineerà le nuove vibrazioni in un nuovo ambiente.

Una tecnica efficace per impedire al tuo ambiente di interferire con i tuoi sforzi per cambiare le vibrazioni è di visualizzare graficamente i tuoi obiettivi per almeno 20 minuti al giorno. Mettici forti emozioni e gradualmente noterai che i segnali che capterai sono quelli che rinforzano le tue vibrazioni.

Un altro approccio è ritirarsi fisicamente o socialmente dal proprio ambiente attuale. Puoi farlo spostandoti in un luogo in cui i segni sono diversi o puoi smettere di vedere amici pigri e spensierati.

Dopo aver modificato le vibrazioni, cambierà il tuo equilibrio vibratorio.

Cambiare la tua vibrazione

La tua mente è più potente di quanto possa davvero cospirare con l'universo.

Ciò che diciamo, pensiamo e sentiamo crea una vibrazione invisibile che trasmette energia.

Questa energia ora cospira con quello che chiamiamo lo spazio quantico in cui tutto è illimitato e chiunque può avere opportunità. Ecco perché è anche considerato un essere energico; non solo a causa di fattori fisici, ma anche perché può ricevere e trasmettere energia. Vuoi avere successo nella vita? Quindi impara a cambiare la tua vibrazione.

Non si tratta di ciò che vuoi: ciò che pensi, senti e sogni nella vita può portare vibrazioni ad esso, ma ciò non significa necessariamente che lo otterrai. Queste sono solo parti di esso e ciò che conta di più è come stai indicando l'universo per ottenere ciò che desideri. Crei vibrazioni mentre continui a scambiare energia; quindi verrà il momento in cui si verificano circostanze incontrollabili che causano l'interruzione del segnale. Detto questo, devi armonizzare tutto nella tua vita con ciò che vuoi fare e respingere coloro che ti ostacolano.

Pertanto, se una determinata situazione ti fa sentire frustrato, arrabbiato o non motivato, riflette un segnale negativo. Combatti mentre sei circondato da persone positive e dai energia che ti farà stare bene nonostante le circostanze.

La necessità di sentire la tua vibrazione

Rimani in contatto con te stesso mentre pratichi è un modo per creare pace interiore.

VIBRAZIONE FINANZIARIA

Per rinfrescare le buone vibrazioni, mantieni la mente calma e ascolta il tuo corpo. Questo può essere sotto forma di preghiera o meditazione –o come la vuoi chiamare va bene. Devi solo rimuovere qualsiasi pensiero e concentrarti sull'essere silenzioso e pacifico.

Puoi fare una lunga passeggiata sulla spiaggia o semplicemente fare una vacanza lontano dalla città. Per ragioni pratiche, si può anche stare in silenzio o avere un buon momento per voi nella vostra camera. Mentre stai zitto, lascia entrare le tue emozioni. Senti qualsiasi cosa, urla se puoi e tiralo fuori dal tuo sistema. Senti i segni del tuo corpo.

Ci possono essere momenti in cui ti senti mescolato con le emozioni, in quanto puoi essere completamente triste e alla fine sentire conforto e pace. Ci sono momenti in cui sei così felice e vibrante. Siediti e senti la tua vibrazione.

 VIBRAZIONE FINANZIARIA

La vibrazione cambia

Ora che sei attrezzato per sapere come le vibrazioni reagiscono alla tua mente e come puoi sentirle, puoi cambiare la tua vibrazione verso il tuo obiettivo. La prima cosa che si può fare è scollegarsidall'ambiente che sconvolge il tuo segnale. Non avere pensieri negativi o anche persone negative. Ecco un consiglio pratico: visualizza il tuo obiettivo ogni giorno per 15 minuti.

Senti le tue emozioni così forti e alla fine puoi ascoltare le tue vibrazioni e sapere come respingere le cose che bloccheranno il tuo percorso. La prossima cosa che puoi fare è cambiare il tuo ambiente. Puoi uscire con persone con obiettivi forti come il tuo, cambiare lo stile della tua casa o persino cambiare il modo in cui ti vesti. Tutto ciò dovrebbe farti sentire bene e creare una forte vibrazione.

 VIBRAZIONE FINANZIARIA

Crea quello che vuoi

A questo punto di questo libro, dovresti sapere che se vuoi una vita più gratificante, devi cambiare il tuo modo di pensare. Ecco alcuni suggerimenti su come è possibile creare e ottenere ciò che si desidera:

Suggerimenti

Suggerimento 1: Mantieni la concentrazione dove è importante

Non pensare a ciò che **NON** hai, perché se lo fai, non ne avrai mai abbastanza. Questo è un consiglio fondamentale che, una volta preso in considerazione, influenzerà significativamente la tua vita in modo positivo.

 VIBRAZIONE FINANZIARIA

Cambiare la tua attenzione e ciò su cui ti concentri cambierà radicalmente la tua vita.

Se ti concentri su ciò che non hai, la tua mente e la tua anima continueranno a pensare che ti stai perdendo qualcosa.

D'altra parte, quando si fa una regolare abitudine di essere grato per quello che si ha, si sarà in grado di attirare energie positive per arrivare a ciò che si vuole.

Con questa mentalità, sarai in grado di trovare facilmente soluzioni a tutti i tipi di problemi della tua vita.

Sarai più aperto alle risposte e alle opportunità positive intorno a te, rendendo più facile vincere.

Suggerimento 2: Definire l'errore in modo diverso

Una delle cose che limita le persone a raggiungere grandi cose è la loro paura del fallimento. Lo sentiamo tutti ad un certo punto della nostra vita. Abbiamo paura del fallimento e di subire le conseguenze del fallimento.

Tuttavia, una volta definito il fallimento in modo più positivo, le cose cambieranno radicalmente per te, inclusa la tua prospettiva di fallimento.

Non credere nel fallimento. Invece, definisce il fallimento come un'opportunità per imparare, per diventare migliore a quello che hai appena fatto. Senza fallimento, non saremmo mai ciò che siamo. Quindi, invece di vedere il fallimento come qualcosa di più grande di te e spaventoso, guardalo come una scala per i tuoi obiettivi. Insegna alla tua mente a ridefinire il fallimento, dall'essere una cosa trascinante negativa a un'opportunità positiva ed edificante per diventare una persona più completa.

Suggerimento 3: Sei il padrone di te stesso

Chi è il tuo capo? Nessun altro dovrebbe essere il tuo capo, tranne TE. Tutto dipende da te cosa vuoi che accada alla tua vita. Non c'è nessuno più responsabile per voi che VOI.

Riconoscendo e accettando il fatto che non c'è nessun altro che possa aiutarti a costruire il tuo futuro di successo, diventerai più maturo e ispirato a fare cose migliori per te stesso.

Sfruttare il potere dell'universo e ottenerlo per creare ciò che vuoi per te sarà facile da qui in poi. Come si pratica questi consigli ogni giorno, sarà più consapevoli delle cose positive che colpiscono le persone di successo intorno a voi. Quindi puoi sfruttare questo potere e farlo accadere per te.

VIBRAZIONE FINANZIARIA

Scopri la differenza tra desiderio e distacco

Molte persone, armate delle migliori intenzioni e abilità, non riescono ancora a ottenere ciò che vogliono semplicemente a causa delle loro idee sbagliate su queste due cose: Desiderio e distacco.

La prima cosa che dovresti sapere sui due è che non sono poli opposti l'uno dall'altro. Tuttavia, sono intrecciati tra loro perché possono far funzionare o meno le leggi di attrazione.

Molte persone pensano che questo sia uno stato sinonimo di voler o aver bisogno di qualcosa. Tuttavia, per quanto riguarda la legge di attrazioni, il desiderio è più di questo. In effetti, il modo migliore per apprezzare l'importanza del desiderio nella vita di una persona è vederlo come il risultato di avere preferenze personali.

Che cos'è il desiderio?

Sapere cosa non preferisci nella tua vita può aiutarti a capire cosa vuoi in esso. Pertanto, sapere che non ti piacciono i cibi acidi può portarti a scoprire che ti piacciono i dolci o forse i cibi piccanti. Queste preferenze possono essere visualizzate come desideri. In altre parole, si desidera mangiare piatti di cibo piccante, invece che di sapore aspro.

Anche il desiderio è spesso erroneamente considerato immorale. Alcune persone vedono i desideri come "cattivi" perché possono portare all'avidità, egoismo, invidia e molte altre emozioni negative. Tuttavia, è lì che si sbagliano ancora una volta.

Considera l'esempio sopra. È peccaminoso, immorale o sbagliato se si desidera un cibo acido e piccante invece del dolce?

Inoltre, ci sono molti desideri che difficilmente si potrebbero descrivere come sbagliati o, peggio ancora, malvagi. Alcune persone vogliono semplicemente essere in buona salute. Altri potrebbero voler essere in grado di aiutare chi è nel bisogno.

Distacco

Tuttavia, il desiderio può essere controproducente e diventare la tua rovina se accompagnato da sentimenti di attaccamento...o distacco.

- **Dipendenza:** Il tuo desiderio è eccezionalmente forte, al punto che si provano emozioni negative a causa di esso. Ti senti sotto pressione per la tua capacità di raggiungere il tuo obiettivo. Sei preoccupato e spaventato delle conseguenze se non ottieni ciò che desideri.

- **Disinteresse:** il desiderio è l'unica cosa che ti preoccupa. Non senti nient'altro. Sei incapace di empatia o simpatia per i sentimenti degli altri perché tutto in te è completamente focalizzato sull'ottenere ciò che desideri.

Considera, ad esempio, uno studente con il desiderio di guadagnare buoni voti.

I sentimenti di attaccamento possono far sì che lo studente si preoccupi continuamente dei risultati dei test che iniziano a soffrire di esaurimenti nervosi e insonnia. D'altra parte, uno studente con lo stesso desiderio può usare il distacco come meccanismo di coping. In questo caso, lo studente trascorre il suo tempo a studiare al punto da escludere qualsiasi altra cosa, come mangiare e dormire regolarmente o trattare i propri cari con indifferenza.

Il desiderio e il distacco sono ovviamente due cose diverse, ma possono essere vissute allo stesso tempo. In definitiva, è il non attaccamento a cui devi aspirare se vuoi che i tuoi desideri siano soddisfatti.

I sentimenti di non attaccamento ti liberano da pensieri ed emozioni negative e allo stesso tempo ti motivano a fare e pensare meglio per raggiungere il tuo obiettivo.

VIBRAZIONE FINANZIARIA

I vantaggi della pianificazione della ricchezza finanziaria

In questo momento, alcuni di voi potrebbero sentirsi convinti di sapere tutto ciò che deve essere fatto per avere l'atteggiamento e la mentalità migliori per godere dell'abbondanza finanziaria. Va bene, ma tieni presente che l'abbondanza finanziaria richiede anche azioni intelligenti, strategiche, pratiche e tangibili. Questo è quando arriva la fase di pianificazione.

6 Passaggi chiave per creare un piano di abbondanza finanziaria

La pianificazione è un processo che richiede tempo per creare, completare e perfezionare.

Prenditi il tuo tempo per elaborare il miglior piano. I cambiamenti saranno più difficili e più costosi da implementare se fatti dopo che i piani sono stati finalizzati.

Fase 1: Aumentare il flusso di cassa

Il primo obiettivo su cui dovrebbe concentrarsi il piano è aumentare il flusso di cassa. Potrebbe non significare più profitti, entrate o vendite, ma significa avere maggiore flessibilità finanziaria. Un altro modo per aumentare il flusso di cassa è semplicemente ridurre i costi. Con più denaro a disposizione, ti dai anche una leva migliore per risolvere il problema, improvvise crisi finanziarie e sfruttare le opportunità per guadagnare denaro.

Fase 2: Investimenti in sanità e assicurazioni

I problemi di salute sono una delle maggiori spese, quindi assicurati di salvarti dai futuri mal di testa investendo in piani sanitari e assicurativi ora. Parlando di assicurazione, è anche meglio garantire la maggior parte - o meglio ancora tutto - che si dispone di che è prezioso e degno di protezione. Considera di investire in un'assicurazione sulla vita che abbia anche un buon rendimento.

Fase 3: Gestione del debito ed eliminazione

È tempo di smettere di ritardare l'inevitabile. Oggi, i debiti vengono raramente cancellati. Il più delle volte, non c'è modo di sfuggirli, quindi è meglio allacciarsi e scoprire quali sono i debiti più urgenti e quali meritano un altro giro di negoziazione con i rispettivi creditori. Ovviamente, ciò non significa che il debito sia sempre negativo.

Il debito può significare un aumento del flusso di cassa e la possibilità di concederti rare opportunità di investimento. Assicurati di prendere in prestito solo quello che ti serve, così ripagherai di meno.

Fase 4: Aumentare i risparmi

Questo certamente non ha bisogno di ulteriori spiegazioni. Il risparmio è probabilmente il modo più sicuro per salvaguardare la pensione e il futuro in generale. Basta essere consapevoli del fatto che il risparmio può avvenire in varie forme; Quindi scegli saggiamente!

Fase 5: Investimenti

Il reddito passivo è sempre essenziale in qualsiasi piano per raggiungere l'abbondanza finanziaria. Gli investimenti sono probabilmente una delle fonti più redditizie di reddito passivo, ma possono anche essere una delle più rischiose. Assicurati di camminare con attenzione quando scegli l'investimento di cui ti fiderai dei tuoi soldi guadagnati duramente.

Fase 6: Pianificazione immobiliare

Infine, non è mai troppo tardi per iniziare apianificare cosa accadrà in futuro e se per qualche motivo non si è in grado di gestirlo.

Scrivere la tua volontà e assicurarti che sia a tenuta stagna e legale è qualcosa che puoi fare da solo, ovviamente, ma solo se sei disposto a prenderti il tempo per studiare tutti i dettagli della pianificazione immobiliare.

I passaggi sopra sono chiaramente più facili da dire che da fare, ma apriranno la strada all'abbondanza finanziaria se ti impegni nel tuo piano!!!

 VIBRAZIONE FINANZIARIA

Visita la nostra pagina degli autori su Amazon! E ottenere più libri di MENTES LIBRES!

https://www.amazon.it/MENTES-LIBRES/e/B08274DDV4?ref_=dbs_p_ebk_r00_abau_000000

Se lo desiderate, potete lasciare il vostro commento su questo libro cliccando sul seguente link in modo che possiamo continuare a crescere! Grazie mille per il vostro acquisto!

https://www.amazon.it/dp/B089P44773

www.ingramcontent.com/pod-product-compliance
Lightning Source LLC
Chambersburg PA
CBHW071123240526
45465CB00023B/785